Impressum
Verlag: BABADADA GmbH, Nedderfeld 112 , 22529 Hamburg
Geschäftsführer / Verlagsleitung: Harald Hof
Druck: Books on Demand GmbH, In de Tarpen 42, 22848 Norderstedt

Imprint
Publisher: BABADADA GmbH, Nedderfeld 112 , 22529 Hamburg, Germany
Managing Director / Publishing direction: Harald Hof
Print: Books on Demand GmbH, In de Tarpen 42, 22848 Norderstedt

1

Schule

école

Klassenzimmer
salle de classe

dividieren
diviser

186/2

Tafel
tableau noir

Schulhof
cour (de récréation)

Lehrer
professeur

Papier
papier

schreiben
écrire

Stift
stylo

Schreibtisch
bureau

Lineal
règle

Buch
livre

Schüler
élève

Ranzen

cartable

Federmappe

trousse

Bleistift

crayon

Bleistiftanspitzer

taille-crayon

Radiergummi

gomme

Zeichenblock

carnet à dessin

Zeichnung

dessin

Pinsel

pinceau

Malkasten

boîte de peinture

Schere

ciseaux

Klebstoff

colle

Übungsheft

cahier d'exercices

Hausaufgabe

devoirs

Zahl

chiffre

addieren

additionner

subtrahieren

soustraire

multiplizieren

multiplier

rechnen

calculer

Buchstabe

lettre

Alphabet

alphabet

Wort

mot

Text
....
texte

lesen
....
lire

Kreide
....
craie

Stunde
....
leçon

Klassenbuch
....
livre de classe

Prüfung
....
examen

Zeugnis
....
certificat

Schuluniform
....
uniforme scolaire

Ausbildung
....
formation

Lexikon
....
lexique

Universität
....
université

Mikroskop
....
microscope

Karte
....
carte

Papierkorb
....
corbeille à papier

Hotel
hôtel

Herberge
auberge

Wechselstube
bureau de change

Koffer
valise

Auto
voiture

Sprache

langue

ja / nein

oui / non

Okay

d'accord

Hallo

Salut

Übersetzer

interprète

Danke

merci

Was kostet...?

Combien coûte...?

Ich verstehe nicht

Je ne comprends pas

Problem

problème

Guten Abend!

Bonsoir !

Guten Morgen!

Bonjour !

Gute Nacht!

Bonne nuit !

Auf Wiedersehen

Au revoir

Richtung

direction

Gepäck

bagages

Tasche

sac

Rucksack

sac-à-dos

Gast

hôte

Zimmer

pièce

Schlafsack

sac de couchage

Zelt

tente

Touristeninformation

office de tourisme

Strand

plage

Kreditkarte

carte de crédit

Frühstück

petit-déjeuner

Mittagessen

déjeuner

Abendessen

dîner

Fahrkarte

billet

Fahrstuhl

ascenseur

Briefmarke

timbre

Grenze

frontière

Zoll

douane

Botschaft

ambassade

Visum

visa

Pass

passeport

Flugzeug
avion

Schiff
navire

Feuerwehrauto
véhicule de pompiers

Bus
bus

Lastwagen
camion

Motorboot
bateau à moteur

Fahrrad
bicyclette

Auto
voiture

Fähre

ferry

Boot

barque

Motorrad

moto

Polizeiauto

voiture de police

Rennauto

voiture de course

Mietwagen

voiture de location

Carsharing

auto-partage

Abschleppwagen

voiture de remorquage

Müllauto

benne à ordures

Motor

moteur

Kraftstoff

essence

Tankstelle

station d'essence

Verkehrsschild

panneau indicateur

Verkehr

trafic

Stau

embouteillage

Parkplatz

parking

Bahnhof

gare

Schienen

rails

Zug

train

Straßenbahn

tramway

Wagon

wagon

Transport - transport

9

Helikopter

hélicoptère

Flughafen

aéroport

Tower

tour

Passagier

passager

Container

conteneur

Karton

carton

Karren

chariot

Korb

corbeille

starten / landen

décoller / atterrir

Stadt
ville

Dorf

village

Stadtzentrum

centre-ville

Haus

maison

Kino
cinéma

Werbung
publicité

Straßenlaterne
réverbère

CINEMA

Straße
rue

Taxi
taxi

Fußgänger
piéton

Kiosk
kiosque

Bürgersteig
trottoir

Zebrastreifen
passage piéton

Mülltonne
poubelle

Kreuzung
carrefour

Ampel
feux de circulation

Hütte
....
cabane

Wohnung
....
appartement

Bahnhof
....
gare

Rathaus
....
mairie

Museum
....
musée

Schule
....
école

Universität
université

Bank
banque

Krankenhaus
hôpital

Hotel
hôtel

Apotheke
pharmacie

Büro
bureau

Buchhandlung
librairie

Geschäft
magasin

Blumenladen
fleuriste

Supermarkt
supermarché

Markt
marché

Kaufhaus
grand magasin

Fischhändler
poissonnerie

Einkaufszentrum
centre commercial

Hafen
port

Park

parc

Bank

banque

Brücke

pont

Treppe

escaliers

U-Bahn

métro

Tunnel

tunnel

Bushaltestelle

arrêt de bus

Bar

bar

Restaurant

restaurant

Briefkasten

boîte à lettres

Straßenschild

panneau indicateur

Parkuhr

parcmètre

Zoo

zoo

Badeanstalt

piscine

Moschee

mosquée

Bauernhof

ferme

Umweltverschmutzung

pollution

Friedhof

cimetière

Kirche

église

Spielplatz

aire de jeux

Tempel

temple

Landschaft

paysage

Blatt
feuille

Wegweiser
panneau indicateur

Weg
chemin

Wiese
pré

Stein
pierre

Baum
arbre

Wanderer
randonneur

Fluss
rivière

Gras
herbe

Blume
fleur

Tal

vallée

Berg

montagne

See

lac

Wald

forêt

Wüste

désert

Vulkan

volcan

Schloss

château

Regenbogen

arc-en-ciel

Pilz

champignon

Palme

palmier

Moskito

moustique

Fliege

mouche

Ameise

fourmis

Biene

abeille

Spinne

araignée

Käfer

coléoptère

Frosch

grenouille

Eichhörnchen

écureuil

Igel

hérisson

Hase

lièvre

Eule

chouette

Vogel

oiseau

Schwan

cygne

Wildschwein

sanglier

Hirsch

cerf

Elch

élan

Staudamm

barrage

Windrad

éolienne

Solarmodul

panneau solaire

Klima

climat

Kellner
serveur

Speisekarte
menu

Stuhl
chaise

Suppe
soupe

Pizza
pizza

Besteck
couverts

Tischdecke
nappe

Vorspeise

hors d'œuvre

Hauptgericht

plat principal

Nachspeise

dessert

Getränke

boissons

Essen

alimentation

Flasche

bouteille

Fastfood

fast-food

Streetfood

plats à emporter

Teekanne

théière

Zuckerdose

sucrier

Portion

portion

Espressomaschine

machine à expresso

Hochstuhl

chaise haute

Rechnung

facture

Tablett

plateau

Messer

couteau

Gabel

fourchette

Löffel

cuillère

Teelöffel

cuillère à thé

Serviette

serviette

Glas

verre

Teller	Suppenteller	Untertasse
assiette	assiette à soupe	soucoupe
Sauce	Salzstreuer	Pfeffermühle
sauce	salière	moulin à poivre
Essig	Öl	Gewürze
vinaigre	huile	épices
Ketchup	Senf	Mayonnaise
ketchup	moutarde	mayonnaise

Supermarkt

supermarché

Angebot
offre promotionnelle

Kunde
client

Milchprodukte
produits laitiers

Obst
fruits

Einkaufswagen
chariot

Schlachterei
....
boucherie

Bäckerei
....
boulangerie

wiegen
....
peser

Gemüse
....
légumes

Fleisch
....
viande

Tiefkühlkost
....
aliments surgelés

Aufschnitt

charcuterie

Konserven

conserves

Waschmittel

poudre à lessive

Süßigkeiten

bonbons

Haushaltsartikel

articles ménagers

Reinigungsmittel

détergents

Verkäuferin

vendeuse

Kasse

caisse

Kassierer

caissier

Einkaufsliste

liste d'achats

Öffnungszeiten

heures d'ouverture

Brieftasche

portefeuille

Kreditkarte

carte de crédit

Tasche

sac

Plastiktüte

sac en plastique

Wasser

eau

Saft

jus de fruit

Milch

lait

Cola

coca

Wein

vin

Bier

bière

Alkohol

alcool

Kakao

chocolat chaud

Tee

thé

Kaffee

café

Espresso

expresso

Cappuccino

cappuccino

Banane

banane

Apfel

pomme

Orange

orange

Melone

melon

Zitrone

citron

Karotte

carotte

Knoblauch

ail

Bambus

bambou

Zwiebel

oignon

Pilz

champignon

Nüsse

noisettes

Nudeln

pâtes

Spaghetti

spaghetti

Reis

riz

Salat

salade

Pommes frites

pommes frites

Bratkartoffeln

pommes de terre rôties

Pizza

pizza

Hamburger

hamburger

Sandwich

sandwich

Schnitzel

escalope

Schinken

jambon

Salami

salami

Wurst

saucisse

Huhn

poulet

Braten

rôti

Fisch

poisson

Haferflocken

flocons d'avoine

Müsli

muesli

Cornflakes

cornflakes

Mehl

farine

Croissant

croissant

Brötchen

petits-pains

Brot

pain

Toast

pain grillé

Kekse

biscuits

Butter

beurre

Quark

le fromage blanc

Kuchen

gâteau

Ei

œuf

Spiegelei

œuf au plat

Käse

fromage

Eiscreme

glace

Zucker

sucre

Honig

miel

Marmelade

confiture

Nougat-Creme

crème nougat

Curry

curry

Bauernhaus
ferme

Scheune
grange

Strohballen
botte de paille

Feld
champ

Pferd
cheval

Anhänger
remorque

Fohlen
poulain

Traktor
tracteur

Esel
âne

Lamm
agneau

Schaf
mouton

Ziege

chèvre

Kuh

vache

Kalb

veau

Schwein

porc

Ferkel

porcelet

Bulle

taureau

Gans

oie

Ente

canard

Küken

poussin

Huhn

poule

Hahn

coq

Ratte

rat

Katze

chat

Maus

souris

Ochse

bœuf

Hund

chien

Hundehütte

chenil

Gartenschlauch

tuyau de jardin

Gießkanne

arrosoir

Sense

faucheuse

Pflug

charrue

Sichel

faucille

Hacke

pioche

Mistgabel

fourche

Axt

hache

Schubkarre

brouette

Trog

cuve

Milchkanne

pot à lait

Sack

sac

Zaun

clôture

Stall

étable

Treibhaus

serre

Boden

sol

Saat

semences

Dünger

engrais

Mähdrescher

moissonneuse-batteuse

ernten
récolter

Ernte
récolte

Yamswurzel
igname

Weizen
blé

Soja
soja

Kartoffel
pomme de terre

Mais
maïs

Raps
colza

Obstbaum
arbre fruitier

Maniok
manioc

Getreide
céréales

Schornstein
cheminée

Dach
toit

Regenrinne
gouttière

Fenster
fenêtre

Garage
garage

Klingel
sonnette

Tür
porte

Mülleimer
poubelle

Briefkasten
boîte aux lettres

Garten
jardin

Wohnzimmer
....
salon

Badezimmer
....
salle de bain

Küche
....
cuisine

Schlafzimmer
....
chambre à coucher

Kinderzimmer
....
chambre d'enfant

Esszimmer
....
salle à manger

Boden

sol

Wand

mur

Decke

plafond

Keller

cave

Sauna

sauna

Balkon

balcon

Terrasse

terrasse

Schwimmbad

piscine

Rasenmäher

tondeuse à gazon

Bettbezug

housse

Bettdecke

couette

Bett

lit

Besen

balai

Eimer

sceau

Schalter

interrupteur

Tapete
papier peint

Bild
image

Lampe
lampe

Regal
étagère

Schrank
armoire

Fernseher
télé

Kamin
cheminée

Blume
fleur

Kissen
coussin

Vase
vase

Sofa
sofa

Fernbedienung
télécommande

Teppich
tapis

Vorhang
rideau

Tisch
table

Stuhl
chaise

Schaukelstuhl
chaise à bascule

Sessel
fauteuil

Buch

livre

Decke

couverture

Dekoration

décoration

Feuerholz

bois de chauffage

Film

film

Stereoanlage

chaîne hi-fi

Schlüssel

clé

Zeitung

journal

Gemälde

peinture

Poster

poster

Radio

radio

Notizblock

bloc-notes

Staubsauger

aspirateur

Kaktus

cactus

Kerze

bougie

Kühlschrank
réfrigérateur

Mikrowelle
four à micro-ondes

Küchenwaage
balance de cuisine

Toaster
grille-pain

Reinigungsmittel
détergent

Backofen
four

Gefrierfach
compartiment congélateur

Mülleimer
poubelle

Geschirrspüler
lave-vaisselle

Herd

four

Topf

casserole

Eisentopf

marmite

Wok / Kadai

wok / kadai

Pfanne

poêle

Wasserkocher

bouilloire electrique

Dampfgarer

cuiseur vapeur

Backblech

plaque de cuisson

Geschirr

vaisselle

Becher

gobelet

Schale

coupe

Essstäbchen

baguettes

Suppenkelle

louche

Pfannenwender

spatule

Schneebesen

fouet

Kochsieb

passoire

Sieb

tamis

Reibe

râpe

Mörser

mortier

Grill

barbecue

Feuerstelle

cheminée

Küche - cuisine

Schneidebrett

planche à découper

Nudelholz

rouleau à pâtisserie

Korkenzieher

tire-bouchon

Dose

boîte

Dosenöffner

ouvre-boîte

Topflappen

maniques

Waschbecken

lavabo

Bürste

brosse

Schwamm

éponge

Mixer

mixeur

Gefriertruhe

congélateur

Babyflasche

biberon

Wasserhahn

robinet

Badezimmer
salle de bain

Dusche
douche

Heizung
chauffage

Handtuch
serviette

Duschvorhang
rideau de douche

Schaumbad
bain moussant

Badewanne
baignoire

Glas
verre

Waschmaschine
machine à laver

Fliesen
carrelage

Wasserhahn
robinet

Töpfchen
pot

Waschbecken
lavabo

Toilette
toilettes

Hocktoilette
toilette à la turque

Bidet
bidet

Pissoir
urinoir

Toilettenpapier
papier toilette

Toilettenbürste
brosse à toilette

Zahnbürste

brosse à dents

Zahnpasta

dentifrice

Zahnseide

fil dentaire

waschen

laver

Handbrause

douche manuelle

Intimdusche

douche intime

Waschschüssel

vasque

Rückenbürste

brosse dorsale

Seife

savon

Duschgel

gel douche

Shampoo

shampooing

Waschlappen

gant de toilette

Abfluss

écoulement

Creme

crème

Deodorant

déodorant

Spiegel

miroir

Kosmetikspiegel

miroir cosmétique

Rasierer

rasoir

Rasierschaum

mousse à raser

Rasierwasser

après-rasage

Kamm

peigne

Bürste

brosse

Föhn

sèche-cheveux

Haarspray

laque pour cheveux

Makeup

fond de teint

Lippenstift

rouge à lèvres

Nagellack

vernis à ongles

Watte

ouate

Nagelschere

coupe-ongles

Parfum

parfum

Kulturbeutel

trousse de toilette

Hocker

tabouret

Waage

pèse-personne

Bademantel

peignoir

Gummihandschuhe

gants de nettoyage

Tampon

tampon

Damenbinde

serviettes hygiéniques

Chemietoilette

toilette chimique

Kinderzimmer
chambre d'enfant

Wecker
réveil

Kuscheltier
doudou

Spielzeugauto
voiture jouet

Rassel
hochet

Puppenhaus
maison de poupée

Geschenk
cadeau

Ballon

ballon

Bett

lit

Kinderwagen

poussette

Kartenspiel

jeu de cartes

Puzzle

puzzle

Comic

bande dessinée

Legosteine

pièces lego

Bausteine

blocs de construction

Action Figur

figurine

Strampelanzug

grenouillère

Frisbee

frisbee

Mobile

mobile

Brettspiel

jeu de société

Würfel

dé

Modelleisenbahn

train miniature

Schnuller

sucette

Party

fête

Bilderbuch

livre d'images

Ball

balle

Puppe

poupée

spielen

jouer

Sandkasten

bac à sable

Schaukel

balançoire

Spielzeug

jouets

Spielkonsole

console de jeu

Dreirad

tricycle

Teddy

ours en peluche

Kleiderschrank

armoire

Kleidung

vêtements

Socken

chaussettes

Strümpfe

bas

Strumpfhose

collant

Schal
écharpe

Regenschirm
parapluie

T-Shirt
t-shirt

Gürtel
ceinture

Turnschuhe
baskets

Stiefel
bottes

Hausschuhe
pantoufles

Sandalen
....
sandales

Schuhe
....
chaussures

Gummistiefel
....
bottes de caoutchouc

Unterhose
....
sous-vêtements

Büstenhalter
....
soutien-gorge

Unterhemd
....
maillot de corps

Body

body

Hose

pantalon

Jeans

jean

Rock

jupe

Bluse

chemisier

Hemd

chemise

Pullover

pull

Kapuzenpullover

sweat à capuche

Blazer

veste

Jacke

veste

Mantel

manteau

Regenmantel

imperméable

Kostüm

costume

Kleid

robe

Hochzeitskleid

robe de mariée

Anzug
costume

Nachthemd
chemise de nuit

Schlafanzug
pyjama

Sari
sari

Kopftuch
foulard

Turban
turban

Burka
burqa

Kaftan
caftan

Abaya
abaya

Badeanzug
maillot de bain

Badehose
maillot de bain

Kurze Hose
short

Trainingsanzug
tenue d'entraînement

Schürze
tablier

Handschuhe
gants

Knopf

bouton

Brille

lunettes

Armband

bracelet

Halskette

collier

Ring

bague

Ohrring

boucle d'oreille

Mütze

bonnet

Kleiderbügel

cintre

Hut

chapeau

Krawatte

cravate

Reißverschluss

fermeture éclair

Helm

casque

Hosenträger

bretelles

Schuluniform

uniforme scolaire

Uniform

uniforme

Lätzchen

bavoir

Schnuller

sucette

Windel

lange

Büro
bureau

Server
serveur

Aktenschrank
armoire d'archivage

Drucker
imprimante

Monitor
écran

Papier
papier

Schreibtisch
bureau

Maus
souris

Ordner
classeur

Tastatur
clavier

Papierkorb
corbeille à papier

Computer
ordinateur

Stuhl
chaise

Kaffeebecher

tasse de café

Taschenrechner

calculatrice

Internet

internet

Laptop

ordinateur portable

Brief

lettre

Nachricht

message

Handy

portable

Netzwerk

réseau

Kopierer

photocopieuse

Software

logiciel

Telefon

téléphone

Steckdose

prise

Fax

fax

Formular

formulaire

Dokument

document

kaufen

acheter

bezahlen

payer

handeln

faire du commerce

Geld

monnaie

USD

Dollar

dollar

EUR

Euro

euro

JPY

Yen

yen

RUB

Rubel

rouble

CHF

Franken

franc suisse

CNY

Renminbi Yuan

renminbi yuan

INR

Rupie

roupie

Geldautomat

distributeur automatique

Wechselstube

bureau de change

Gold

or

Silber

argent

Öl

pétrole

Energie

énergie

Preis

prix

Vertrag

contrat

Steuer

taxe

Aktie

action

arbeiten

travailler

Angestellter

employé

Arbeitgeber

employeur

Fabrik

usine

Geschäft

magasin

Polizist
agent de police

Feuerwehrmann
pompier

Koch
cuisinier

Arzt
médecin

Pilot
pilote

Gärtner

jardinier

Tischler

menuisier

Näherin

couturière

Richter

juge

Chemiker

chimiste

Schauspieler

acteur

Busfahrer

conducteur de bus

Taxifahrer

chauffeur de taxi

Fischer

pêcheur

Putzfrau

femme de ménage

Dachdecker

couvreur

Kellner

serveur

Jäger

chasseur

Maler

peintre

Bäcker

boulanger

Elektriker

électricien

Bauarbeiter

ouvrier

Ingenieur

ingénieur

Schlachter

boucher

Klempner

plombier

Postbote

facteur

Soldat

soldat

Architekt

architecte

Kassierer

caissier

Florist

fleuriste

Friseur

coiffeur

Schaffner

contrôleur

Mechaniker

mécanicien

Kapitän

capitaine

Zahnarzt

dentiste

Wissenschaftler

scientifique

Rabbi

rabbin

Imam

imam

Mönch

moine

Geistlicher

prêtre

Hammer
marteau

Zange
pinces

Schraubendreher
tournevis

Schraubenschlüssel
clé

Taschenlampe
torche

Bagger

pelleteuse

Werkzeugkasten

boîte à outils

Leiter

échelle

Säge

scie

Nägel

clous

Bohrer

perceuse

reparieren
....
réparer

Schaufel
....
pelle

Mist!
....
Mince !

Kehrblech
....
pelle

Farbtopf
....
pot de peinture

Schrauben
....
vis

Musikinstrumente
instruments de musique

Schlagzeug
batterie

Lautsprecher
haut-parleurs

Kontrabass
contrebasse

Trompete
trompette

Gitarre
guitare

Klavier

piano

Violine

violon

Bass

basse

Pauke

timbales

Trommeln

tambour

Keyboard

piano électrique

Saxophon

saxophone

Flöte

flûte

Mikrofon

microphone

Eingang
entrée

Tiger
tigre

Käfig
cage

Zebra
zèbre

Tierfutter
alimentation animale

Panda
panda

Tiere

animaux

Elefant

éléphant

Känguru

kangourou

Nashorn

rhinocéros

Gorilla

gorille

Bär

ours

Kamel

chameau

Strauß

autruche

Löwe

lion

Affe

singe

Flamingo

flamand rose

Papagei

perroquet

Eisbär

ours polaire

Pinguin

pingouin

Hai

requin

Pfau

paon

Schlange

serpent

Krokodil

crocodile

Zoowärter

gardien de zoo

Robbe

phoque

Jaguar

jaguar

Zoo - zoo

Pony

poney

Leopard

léopard

Nilpferd

hippopotame

Giraffe

girafe

Adler

aigle

Wildschwein

sanglier

Fisch

poisson

Schildkröte

tortue

Walross

morse

Fuchs

renard

Gazelle

gazelle

American Football
american Football

Radfahren
cyclisme

Tennis
tennis

Basketball
basket-ball

Schwimmen
natation

Eishockey
hockey sur glace

Boxen
boxe

Fußball
football

Badminton
badminton

Leichtathletik
athlétisme

Handball
handball

Skilaufen
ski

Polo
polo

lachen
rire

springen
sauter

umarmen
embrasser

gehen
marcher

singen
chanter

träumen
rêver

beten
prier

küssen
faire la bise

schreiben
écrire

zeichnen
dessiner

zeigen
montrer

drücken
pousser

geben
donner

nehmen
prendre

haben
avoir

tun
faire

sein
être

stehen
être debout

laufen
courir

ziehen
trier

werfen
jeter

fallen
tomber

liegen
être couché

warten
attendre

tragen
porter

sitzen
être assis

anziehen
s'habiller

schlafen
dormir

aufwachen
se réveiller

Aktivitäten - activités

ansehen

regarder

weinen

pleurer

streicheln

caresser

kämmen

peigner

reden

parler

verstehen

comprendre

fragen

demander

hören

écouter

trinken

boire

essen

manger

aufräumen

ranger

lieben

aimer

kochen

cuire

fahren

conduire

fliegen

voler

segeln

faire de la voile

rechnen

calculer

lesen

lire

lernen

apprendre

arbeiten

travailler

heiraten

se marier

nähen

coudre

Zähne putzen

brosser les dents

töten

tuer

rauchen

fumer

senden

envoyer

Großmutter
grand-mère

Großvater
grand-père

Vater
père

Mutter
mère

Baby
bébé

Tochter
fille

Sohn
fils

Gast

hôte

Tante

tante

Onkel

oncle

Bruder

frère

Schwester

sœur

Stirn
front

Auge
œil

Schulter
épaule

Finger
doigt

Gesicht
visage

Kinn
menton

Hand
main

Brust
poitrine

Bein
jambe

Arm
bras

Baby

bébé

Mann

homme

Frau

femme

Mädchen

fille

Junge

garçon

Kopf

tête

Rücken

dos

Bauch

ventre

Nabel

nombril

Zeh

orteil

Ferse

talon

Knochen

os

Hüfte

hanche

Knie

genou

Ellenbogen

coude

Nase

nez

Gesäß

fesses

Haut

peau

Wange

joue

Ohr

oreille

Lippe

lèvre

Mund

bouche

Zahn

dent

Zunge

langue

Gehirn

cerveau

Herz

cœur

Muskel

muscle

Lunge

poumons

Leber

foie

Magen

estomac

Nieren

reins

Geschlechtsverkehr

rapport sexuel

Kondom

préservatif

Eizelle

ovule

Sperma

sperme

Schwangerschaft

grossesse

Menstruation

menstruation

Vagina

vagin

Penis

pénis

Augenbraue

sourcil

Haar

cheveux

Hals

cou

Krankenhaus
hôpital

Krankenwagen
ambulance

Rollstuhl
fauteuil roulant

Bruch
fracture

Arzt

médecin

Notaufnahme

service des urgences

Krankenschwester

infirmière

Notfall

urgence

ohnmächtig

inconscient

Schmerz

douleur

Verletzung

blessure

Blutung

hémorragie

Herzinfarkt

crise cardiaque

Schlaganfall

attaque cérébrale

Allergie

allergie

Husten

toux

Fieber

fièvre

Grippe

grippe

Durchfall

diarrhée

Kopfschmerzen

mal de tête

Krebs

cancer

Diabetis

diabète

Chirurg

chirurgien

Skalpell

scalpel

Operation

opération

CT

CT

Röntgen

radiographie

Ultraschall

échographie

Maske

masque

Krankheit

maladie

Wartezimmer

salle d'attente

Krücke

béquille

Pflaster

pansement

Verband

pansement

Injektion

injection

Stethoskop

stéthoscope

Trage

brancard

Thermometer

thermomètre

Geburt

accouchement

Übergewicht

surcharge pondérale

Hörgerät

appareil auditif

Desinfektionsmittel

désinfectant

Infektion

infection

Virus

virus

HIV / AIDS

VIH / sida

Medizin

médicament

Impfung

vaccination

Tabletten

comprimés

Pille

pilule

Notruf

appel d'urgence

Blutdruck-Messgerät

tensiomètre

krank / gesund

malade / sain

Hilfe!	Alarm	Überfall
Au secours !	alarme	assaut

Angriff	Gefahr	Notausgang
attaque	danger	sortie de secours

Feuer!	Feuerlöscher	Unfall
Au feu!	extincteur	accident

Erste-Hilfe-Koffer	SOS	Polizei
trousse de premier secours	SOS	police

Europa

Europe

Nordamerika

Amérique du Nord

Südamerika

Amérique du Sud

Afrika

Afrique

Asien

Asie

Australien

Australie

Atlantik

Océan atlantique

Pazifik

Océan pacifique

Indischer Ozean

Océan indien

Antarktischer Ozean

Océan antarctique

Arktischer Ozean

Océan arctique

Nordpol

pôle nord

Südpol

pôle sud

Antarktis

Antarctique

Erde

terre

Land

pays

Meer

mer

Insel

île

Nation

nation

Staat

état

Zifferblatt

cadran

Stundenzeiger

aiguille des heures

Minutenzeiger

aiguille des minutes

Sekundenzeiger

aiguille des secondes

Wie spät ist es?

Quelle heure est-il ?

Tag

jour

Zeit

temps

jetzt

maintenant

Digitaluhr

montre digitale

Minute

minute

Stunde

heure

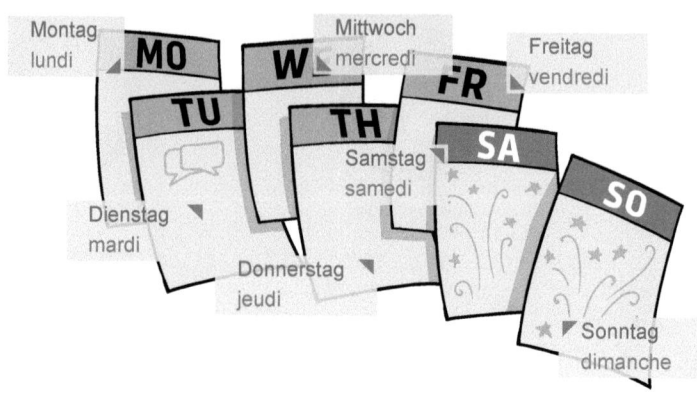

Montag / lundi
Mittwoch / mercredi
Freitag / vendredi
Dienstag / mardi
Donnerstag / jeudi
Samstag / samedi
Sonntag / dimanche

gestern
hier

heute
aujourd'hui

morgen
demain

Morgen
matin

Mittag
midi

Abend
soir

MO	TU	WE	TH	FR	SA	SU
1	2	3	4	5	6	7
8	9	10	11	12	13	14
15	16	17	18	19	20	21
22	23	24	25	26	27	28
29	30	31	1	2	3	4

Arbeitstage
jours ouvrables

MO	TU	WE	TH	FR	SA	SU
1	2	3	4	5	6	7
8	9	10	11	12	13	14
15	16	17	18	19	20	21
22	23	24	25	26	27	28
29	30	31	1	2	3	4

Wochenende
week-end

Regen
pluie

Regenbogen
arc-en-ciel

Schnee
neige

Wind
vent

Frühling
printemps

Herbst
automne

Sommer
été

Winter
hiver

Wettervorhersage
météo

Thermometer
thermomètre

Sonnenschein
lumière du soleil

Wolke
nuage

Nebel
brouillard

Luftfeuchtigkeit
humidité

Blitz

foudre

Donner

tonnerre

Sturm

tempête

Hagel

grêle

Monsun

mousson

Flut

inondation

Eis

glace

Januar

janvier

Februar

février

März

mars

April

avril

Mai

mai

Juni

juin

Juli

juillet

August

août

September
....
septembre

Oktober
....
octobre

November
....
novembre

Dezember
....
décembre

Formen
formes

Kreis
....
cercle

Quadrat
....
carré

Rechteck
....
rectangle

Dreieck
....
triangle

Kugel
....
sphère

Würfel
....
cube

weiß

blanc

gelb

jaune

orange

orange

pink

rose

rot

rouge

lila

violet

blau

bleu

grün

vert

braun

marron

grau

gris

schwarz

noir

viel / wenig

beaucoup / peu

wütend / friedlich

fâché / calme

hübsch / hässlich

joli / laid

Anfang / Ende

début / fin

groß / klein

grand / petit

hell / dunkel

clair / obscure

Bruder / Schwester

frère / soeur

sauber / schmutzig

propre / sale

vollständig / unvollständig

complet / incomplet

Tag / Nacht

jour / nuit

tot / lebendig

mort / vivant

breit / schmal

large / étroit

genießbar / ungenießbar

comestible / incomestible

böse / freundlich

méchant / gentil

aufgeregt / gelangweilt

excité / ennuyé

dick / dünn

gros / mince

zuerst / zuletzt

premier / dernier

Freund / Feind

ami / ennemi

voll / leer

plein / vide

hart / weich

dur / souple

schwer / leicht

lourd / léger

Hunger / Durst

faim / soif

krank / gesund

malade / sain

illegal / legal

illégal / légal

intelligent / dumm

intelligent / stupide

links / rechts

gauche / droite

nah / fern

proche / loin

neu / gebraucht

nouveau / usé

nichts / etwas

rien / quelque chose

alt / jung

vieux / jeune

an / aus

marche / arrêt

offen / geschlossen

ouvert / fermé

leise / laut

faible / fort

reich / arm

riche / pauvre

richtig / falsch

correct / incorrect

rau / glatt

rugueux / lisse

traurig / glücklich

triste / heureux

kurz / lang

court / long

langsam / schnell

lent / rapide

nass / trocken

mouillé / sec

warm / kühl

chaud / froid

Krieg / Frieden

guerre / paix

Zahlen

nombres

0

null

zéro

1

eins

un / une

2

zwei

deux

3

drei

trois

4

vier

quatre

5

fünf

cinq

6

sechs

six

7

sieben

sept

8

acht

huit

9

neun

neuf

10

zehn

dix

11

elf

onze

12

zwölf

douze

13

dreizehn

treize

14

vierzehn

quatorze

15

fünfzehn

quinze

16

sechzehn

seize

17

siebzehn

dix-sept

18

achtzehn

dix-huit

19

neunzehn

dix-neuf

20

zwanzig

vingt

100

hundert

cent

1.000

tausend

mille

1.000.000

million

million

Sprachen

langues

Englisch

anglais

Amerikanisches Englisch

anglais américain

Chinesisch Mandarin

chinois mandarin

Hindi

hindi

Spanisch

espagnol

Französisch

français

Arabisch

arabe

Russisch

russe

Portugiesisch

portugais

Bengalisch

bengali

Deutsch

allemand

Japanisch

japonais

ich
············
je

du
············
tu

er / sie / es
············
il / elle / ce, c', cela

wir
············
nous

ihr
············
vous

sie
············
ils / elles

wer?
············
Qui ?

was?
············
Quoi ?

wie?
············
Comment ?

wo?
············
Où ?

wann?
············
Quand ?

Name
············
nom

hinter

derrière

in

dans

vor

devant

über

au-dessus

auf

sur

unter

en-dessous

neben

à côté de

zwischen

entre

Ort

lieu